AF454617

L'Association pour l'Émancipation progressive de la Femme poursuit la réforme morale par des brochures qu'elle distribue gratuitement. Les Souscripteurs et Adhérents recevront, à leur choix, *franco*, *au prix d'impression*, et en proportion de leur offrande, les livres qu'ils destineront à la propagande gratuite. (Voir la couverture.)

ADRESSER LES DEMANDES

5, rue de la Pompe (Paris-Passy)

—

Prière d'aider l'Œuvre par des Dons.

ASSOCIATION
POUR L'ÉMANCIPATION PROGRESSIVE
DE LA FEMME

LA
TOLÉRANCE LÉGALE
DU VICE

Lettres de MM. Victor Hugo,
Cte A. de Gasparin, père Hyacinthe, Mazzini,
Marie Goegg,
Mozzoni, M. J. Stuart-Mill, etc.

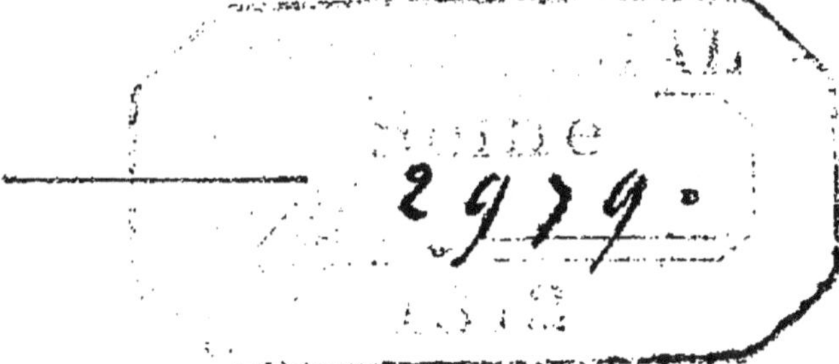

PARIS

5, RUE DE LA POMPE (PASSY)

—

1872

AVANT-PROPOS

L'Angleterre nous offre un spectacle fort instructif; son gouvernement tenta, il y a quelques années, à l'imitation des peuples latins, d'enlever à la prostitution ses suites malfaisantes pour les débauchés, et donna, à titre d'essai, dans quelques districts militaires, ces laissez-passer et ces estampilles qui déclarent chez nous les filles de mauvaise vie *bonnes pour le service*. Devant cette dégradation légale et systématique, l'explosion de l'indignation publique fut si grande, qu'elle rallia des milliers de femmes et souleva le pays dans une protestation unanime. Des *meetings* stigmatisèrent dans toutes les villes cette mesure immonde et demandèrent le rappel de la loi; un journal hebdomadaire, *le Bouclier*, se fit l'organe des protestations générales, centralisées aussi, à Liverpool, chez madame **J. Butler** (1). Des pétitions nombreuses portent chaque année encore cette question au Parlement ; elle y donne lieu à des débats remarquables, où les J. Bright, les Fowler, etc., se distinguent par leur chaleureuse éloquence. Nous pourrons résumer plus tard quelques-uns de ces arguments serrés. En attendant,

(1) 280, South hill, Park Rood, Liverpool. — Association nationale pour le rappel des Actes des maladies contagieuses.

nous reproduisons les lettres suivantes, tirées presque toutes du *Bouclier* et traduites de l'anglais.

Puissions-nous y prendre la notion du respect pour la dignité humaine, et rougir enfin des lois et des institutions licencieuses, qui nous donnent des mœurs d'esclaves.

La Vice-Présidente de l'Association,

J. V. DAUBIÉ.

LA
TOLÉRANCE LÉGALE
DU VICE

I

ADRESSE

DES DAMES ANGLAISES ASSOCIÉES, POUR LE RAPPEL DES ACTES DES MALADIES CONTAGIEUSES, AUX POUVOIRS CONSTI-TUÉS EN FRANCE (1).

Monsieur le Président, Messieurs,

L'Angleterre, vivement agitée au sujet de ses lois morales, emploie en ce moment tous les moyens que lui

(1) Peu de temps avant la chute de l'Empire, cette adresse fut envoyée au Sénat, au Corps législatif, à l'archevêque de Paris, aux préfets de la Seine, de police, etc.

laisse la liberté de la parole et de la presse pour en obtenir la réforme.

Les femmes anglaises soussignées, associées dans ce but, pensent que tous les peuples d'Europe, qui ont le même Évangile pour code, doivent trouver dans les rapports civils la même règle des mœurs. En conséquence, elles prennent la liberté d'appeler votre attention toute particulière sur la révision des lois de morale publique.

Des femmes charitables se sont, jusqu'à ce jour, vouées en silence à la réhabilitation des filles infortunées que la misère fait tomber dans la honte, mais la loi qui devrait être leur appui leur a été un obstacle.

La prostitution réglementée est un terrible fléau ; elle détruit la conscience de l'homme, renouvelle les sacrifices humains, en poussant dans l'avilissement le plus déplorable de cœur et d'âme des milliers de *filles soumises*, esclaves responsables du débauché irresponsable.

Les mères anglaises tremblent à l'idée d'une imitation des lois françaises en Angleterre. Ces femmes, ayant à cœur de préserver leurs fils du péché, gardent la noble ambition de leur conserver la même pureté de mœurs qu'à leurs filles et s'indignent qu'on cherche à faciliter la débauche.

Le temps est venu où toutes les

lois humaines doivent être basées sur les principes d'une justice éclairée.

La loi étant la conscience du peuple, ce qu'elle autorise ne sera jamais regardé comme un mal.

Nous osons demander à votre justice des lois pour l'affranchissement des esclaves.

Pour arriver à extirper ces deux plaies sociales : *la maison de tolérance et la fille soumise*, ne faudrait-il pas d'abord développer l'instruction professionnelle pour les jeunes filles et mettre toute femme isolée à même de se suffire par le travail ?

Ne faudrait-il point surtout frapper

la séduction par une recherche rigou-
reuse du père, faite par les déposi-
taires du droit social ?

Telles sont les considérations que
nous avons l'honneur de soumettre
à la sollicitude des pouvoirs législatif
et exécutif de France ; aux hommes
influents dans l'Église, dans l'État et
dans l'Armée, et, en général, à tous
les hommes et à toutes les femmes
de bonne volonté, de cœur droit et
pur.

Ne souffrez plus, Messieurs les Dé-
putés, que sous prétexte d'une mesure
sanitaire très-illusoire, la dignité humaine soit sacrifiée sans merci, et
que des milliers de femmes soient
enrôlées dans la caste du déshonneur

public, au profit des passions bru-
tales des hommes vicieux (1).

(1) Quand les Anglaises m'envoyèrent cette
Adresse, tout respirait chez nous la fureur de
destruction. « La guerre que nous entreprenons,
m'écrivaient-elles, est plus féconde que celle
que vous allez faire par les armes à feu. » Hé-
las ! nous avons entassé des ruines et accumulé
des haines, et les Anglaises sont à la veille de
remporter une de ces éclatantes victoires qui
donnent la vie au lieu de semer la mort.

Le Parlement, qui les a admises à plaider
elles-mêmes leur cause jusque dans son enceinte,
leur promet, paraît-il, pour cette année l'abro-
gation de la loi.

II

LETTRE

DE VICTOR HUGO A UNE DAME DE L'ASSO-
CIATION ANGLAISE.

. . . . . . Protestez, résistez, témoi-
gnez votre indignation. Tous les cœurs
nobles et tous les esprits élevés sont
avec vous. L'esclavage des femmes
noires est aboli en Amérique, mais
l'esclavage des femmes blanches con-
tinue en Europe; les lois sont toujours faites par les hommes de manière à tyranniser partout les femmes.

On ne peut rien voir de plus odieux que les spectacles que nous avons sous les yeux ; la France entretenant la féodalité de l'Angleterre, et l'Angleterre reproduisant les *doctors'closet* de Paris. C'est une rivalité de rétrogradation, un misérable spectacle, qui déshonorent la justice en France et le pouvoir exécutif en Angleterre.

Victor Hugo.

III

LETTRE

DE M. LE COMTE DE GASPARIN A L'ASSO-
CIATION DES DAMES ANGLAISES.

. . . . . . Vous devez résister éner-
giquement, vaillamment, au nom du
Seigneur, contre les infamies dont
vous êtes menacées.

Nous savons ce qu'il faut penser de
la maxime : *Faisons le mal pour que
le bien en résulte*, mais, dans le cas
présent, ce mal ne peut produire

qu'un mal plus grand encore. Il organise le vice et lui donne une sanction qui fausse un grand nombre de consciences. Il accroît considérablement le nombre de jeunes gens qui se livrent à la débauche où ils trouvent protection et garanties; il accroît dans la même proportion le nombre des prostituées qui se trouvent appelées à un métier pour ainsi dire officiellement établi.

Il ne diminue nullement le nombre des enfants illégitimes, comme les statistiques le prouvent. Ils ne sont nulle part aussi nombreux qu'à Vienne, où la *protection* est complète.

En un mot, je ne crois pas que les médecins puissent affirmer que la santé y est meilleure qu'à Londres sous certains rapports.

Résistez au mal et ayez bon courage; votre Dieu bénira votre résistance et la fera triompher.

A. DE GASPARIN.

IV

LETTRE

DU PÈRE HYACINTHE A Mme J. BUTLER.

(Traduite de l'anglais.)

Madame,

J'ai reçu la lettre que vous m'avez fait l'honneur de m'écrire relativement au fléau de la *prostitution légalisée*, qui, après avoir ravagé les nations latines, menace maintenant la race anglo-saxonne. Je partage très-sérieusement vos convictions à ce sujet, et ai la pleine persuasion que vous avez entrepris une œuvre éminemment patriotique, humaine et chrétienne, en vous élevant contre cette législation qui favorise le vice.

« Il n'y aura pas de prostituée parmi les filles d'Israël, » telle était la parole de Moïse à l'ancien peuple de Dieu. L'excellence sociale des *chrétiens* ne devrait pas être moindre que celle des Hébreux, et, comme vous le dites très-bien, le règne promis du Christ sur la terre est incompatible avec la nécessité du vice.

Soyez assurée, Madame, que je serai prêt à unir mes efforts aux vôtres dans cette sainte entreprise. Pour l'honneur de la France, d'où ce mal est sorti tout d'abord, je désire qu'elle prenne aussi l'initiative du remède, et je souhaite que cette question soit une des premières qui attirent l'attention de ses hommes publics, de ses écrivains, de ses législateurs et de tous ceux qui ont à cœur sa régénération sociale.

HYACINTHE.

V

LETTRE

DE MAZZINI A UNE DAME ANGLAISE.

Ma chère amie,

Pouvez-vous douter de moi? Pouvez-vous mettre en doute l'impatience avec laquelle je veille de loin et bénis cordialement les efforts des braves et sérieuses Anglaises qui luttent pour l'extension du suffrage à leur sexe et pour le rappel *des actes des maladies contagieuses* (1), dernière question qui n'est qu'un incident de la grande question de justice générale envers les femmes? L'idée de l'égalité de l'homme et de la femme n'est-elle pas sacrée pour tout homme logique et résolu qui lutte pour l'égalité d'une classe ou d'une portion quelconque de l'humanité?

Votre entreprise est-elle moins sacrée que celle de l'abolition de l'esclavage en Amérique ou du servage ailleurs ? Ne devrait-elle pas même être plus sacrée pour nous, par respect pour nos mères, et si nous nous rappelons que la période la plus

(1) C'est-à-dire la prostitution assainie par la police.

importante de la vie humaine, la première est confiée à la femme ? Toutes les questions d'égalité ne sont-elles pas seulement une rébellion sans base, à moins qu'elles ne tirent leur légitimité d'un principe religieux universel ? Et ce principe, l'unité de la famille humaine, n'est-il pas l'âme de la religion de votre pays ? Les hommes qui nient la justice de vos revendications ont-ils abjuré cette religion, ou oublié les saintes paroles de Jésus et de Paul : « Je ne prie pas seulement pour eux ; mais je prie aussi pour ceux qui croiront en moi par leur parole.

« Afin que tous ne soient qu'un, comme toi, ô mon Père, tu es en moi, et que je suis en toi ; qu'eux aussi soient en nous. (Saint Jean, XVII, 20, 21.)

« Car vous êtes tous enfants de Dieu par la foi en Jésus-Christ.

« Il n'y a plus ni de Juif, ni de Grec ; il n'y a plus d'esclave ni de libre ; il n'y a plus d'homme ni de femme, car vous n'êtes tous qu'un en Jésus-Christ. » (Épître aux Galates, chap. III, 26, 28.)

Est-ce qu'ils vous disent que ces paroles s'appliquent au ciel ? Demandez-leur. Qui leur a enseigné à prier que la *volonté de Dieu soit faite sur la terre comme elle l'est au ciel ?*

Oui, nous sommes tous enfants de Dieu, libres et égaux en Lui, et il est grandement temps, dix-huit siècles et demi après que ces paroles ont été prononcées, et quand de nouvelles vérités religieuses apparaissent à l'horizon, qu'elles soient pratiquement comprises et appliquées à la vie et à la société.

Vous croyez à un Dieu; *conséquemment* à une loi pour sa famille humaine. Partout où le baptême de Dieu, le sceau de l'humanité est sur un être humain, nous trouvons les signes caractéristiques d'une volonté libre, la source de la responsabilité, de *l'éducabilité* et de la capacité du progrès indéfini. Ces facultés indiquent les mêmes droits et devoirs généraux, et fournissent un principe primordial pour diriger la législation.

Aucune question semblable aux vôtres ne devrait être résolue sans qu'on se demande : *Jusqu'à quel point la solution proposée peut-elle contribuer à l'éducation morale de la société?*

Le sens de la dignité personnelle, la conviction profonde que chacun de nous à une *tâche* à remplir sur la terre pour notre propre perfectionnement et pour celui de nos frères, est le premier pas dans toute éducation.

Nous sommes obligés de commencer par enseigner à ceux que nous cherchons à élever les paroles que vous avez citées : Je suis homme et rien de ce qui concerne l'humanité ne m'est étranger.

Si vous détruisez dans l'homme son sens inné de respect personnel, vous faites un ilote. Si vous sanctionnez l'inégalité morale , *à quelque degré que ce soit,* ou vous créez la rébellion avec tous ses maux, ou l'indifférence, l'hypocrisie et la corruption.

Si vous punissez la complice, en laissant le pécheur intact, vous détruisez, en éveillant le sentiment d'injustice, tout résultat salutaire de la punition. Si vous vous arrogez le droit de légiférer sur une classe sans accorder à cette classe voix ou part dans l'œuvre, vous détruisez la sainteté de la loi, et éveillez haine ou mépris dans le cœur de la classe exclue.

Dans ces principes simples et évidents repose la justice de vos réclamations, à la fois en ce qui concerne le suffrage et la question d'ordre inférieur contre laquelle vous protestez.

Je dis cette question *inférieure*, non parce que je ne tiens pas compte du crime *d'imposer* un accroissement de dégradation sur des êtres déjà dégradés, mais parce que je sais que vous vous efforcez d'obtenir les *droits* de cité, afin de pouvoir accomplir les *devoirs* de citoyennes, et je crois que quand les femmes posséderont le pouvoir politique, une telle législation sera impossible.

Votre voix doit rappeler vos frères à la compassion qu'ils ont oubliée, non-seulement à cause des souffrances infligées à celles pour lesquelles vous plaidez (de telles souffrances sont un fait sûrement suivi par des maux pires, si on le néglige par égoïsme), mais à cause des maux plus grands amenés par cet abandon des premiers principes de la loi de la justice, dans cet abandon, par les Anglais, de la victoire chèrement acquise par leurs pères : l'égalité absolue de tous vos citoyens, faibles ou forts, devant la loi.

Ici gît, ne l'oubliez pas, le germe

d'une maladie morale beaucoup plus terrible que le mal physique qu'ils ont essayé de réglementer d'une manière si brutale et si impuissante; ce premier pas en arrière inspire une crainte égoïste; si l'on ne rétrograde pas en toute hâte, d'autres le suivront, jusqu'à ce que la plaie morale négligée devienne un cancer infectant le vrai *sang vital* de votre nation. Vous vaincrez quant aux principes moraux que vous avez posés. Votre cause est religieuse, ne la rabaissez pas à ce qui est appelé un droit ou un intérêt. Que le devoir soit votre principe en protégeant vos sœurs malheureuses et en faisant vos revendications politiques. Vous êtes enfants de Dieu et nous le sommes. Vous avez la même tâche à remplir sur terre, la révélation progressive et l'accomplissement progressif de la loi. Vous ne pouvez renoncer à cette tâche sans pécher contre le Dieu qui l'a établie et vous a donné, comme à nous, facultés et pouvoirs pour son accomplissement.

Vous ne pouvez remplir votre tâche sans la *liberté*, qui est la source de la responsabilité. Vous ne pouvez la remplir sans l'*égalité*, qui est la liberté pour chacun et pour tous. Votre revendication contre cette loi est identique aux revendications des nations foulées aux pieds, effacées par la force brutale de la carte d'Europe, comme la Pologne, ou démembrée, comme la Slavonie, entre des maîtres étrangers et condamnée au silence.

Votre revendication du suffrage est identique à celle des travailleurs. Comme eux, vous cherchez à apporter un nouvel élément de progrès à l'œuvre commune; vous sentez que vous avez quelque chose à dire, non-seulement indirectement, mais légalement et officiellement sur les grands problèmes qui agitent et torturent l'âme de l'humanité. Là est votre motif réel d'être entendues; là votre force. Maintenez-vous résolûment sur ce terrain et ne permettez à aucun égoïsme inconscient ou une fragmentaire du combat de vous en détourner.

Il y a là une sainte croisade qui se fait dans tout le monde pour la justice, la liberté et la vérité contre le mensonge et la tyrannie. Vous aussi, vous êtes un bataillon dans cette croisade ; sentez-le et agissez en conséquence. Sympathisez avec tous ceux qui souffrent et vous rencontrerez sympathie ; aidez et vous serez aidées. Le seul fondement du *droit* est le *devoir* accompli, et, si l'émancipation du travailleur est proche, c'est parce qu'il s'est montré lui-même, pendant près d'un siècle, prêt pour le sacrifice de lui-même dans les nobles causes qui réclament le dévouement des loyaux et des braves.

Quant à la cause spéciale pour laquelle vous *écrivez*, le rappel de ces hideuses mesures, vous réussirez. Vous avez, dans votre Chambre des Communes, des hommes qui sûrement ne seront pas détournés de la voie droite et de la justice par crainte excessive d'un mal physique; mais, quand ils vous feraient défaut, ce que je ne puis croire, vous avez votre peuple.

Vos travailleurs nous ont montré, durant la famine du Lancashire, combien ils peuvent sentir pour les opprimés.

Appelez-en à eux.

J'ai vécu assez longtemps en Angleterre pour savoir quelle sera leur réponse.

JOSEPH MAZZINI.

VI

LETTRE

DE Mme GOEGG, DE GENÈVE,
A Mme J. BUTLER.

Après avoir conféré avec mon mari sur la question que vous me faites, relativement à la condition morale de l'armée prussienne, je réponds que, sous tous les rapports, l'organisation des deux armées, française et allemande, est entièrement différente.

Ainsi, en France, où le système de

la conscription existe toujours, le soldat n'a pas le droit de se marier avant la fin de son service, fixé à six années consécutives. L'officier, qui a généralement un service à vie, obtient permission de se marier s'il prouve qu'il est possesseur d'un revenu fixé par la loi (1). Il résulte naturellement de là qu'un homme cherchera à satisfaire sa nature sans s'inquiéter des lois morales.

En Allemagne, au contraire, tout homme capable de porter les armes devient soldat à sa majorité; mais le service, en temps de paix, est exigé

(1) Ce sont les femmes d'officiers qui doivent justifier d'une rente annuelle du minimum de douze cents francs.

pour un an seulement de celui qui peut s'entretenir à ses frais, et deux ou trois ans pour les autres.

Après cette période, ils ont tous la liberté de retourner au foyer, de reprendre leurs occupations, de se marier et d'élever une famille, en se résignant toutefois, jusqu'à l'âge de trente-deux ans, à abandonner tout ce bonheur domestique, en cas de guerre; à être envoyés à l'étranger et de courir le risque d'être tués par des gens inconnus, et, de plus, jusqu'à quarante-deux ans, à se tenir prêts à la défense du pays sur le sol natal.

Sans doute, la facilité accordée au soldat allemand, pour la satisfaction d'une affection légitime, éloigne de lui la tentation d'immoralité, et mon mari dit que la prostitution légalisée est inconnue en Allemagne. (Elle existe à Berlin, mais non ostensiblement pour l'armée.)

D'ailleurs, la différence notable de mœurs qui existe dans les deux armées fait vivement apprécier la bonne fortune de l'invasion des Allemands en France, plutôt que celle des Français en Allemagne. Celle-ci, en effet, aurait été hideuse. Aujourd'hui, on rappelle, dans les familles allemandes, les horreurs de la dernière invasion française, relativement à l'immoralité. Et, quoique les Français affirment que de pareilles scènes ne pourraient se renouveler de nos jours, je pense, pour mon compte, que nous sommes heureux de ne pas avoir eu l'occasion d'en faire l'expérience.

L'armée allemande, avec sa stricte discipline, composée presque entièrement de pères de famille, n'a sauf quelques exceptions, aucun crime à se reprocher contre les femmes. La guerre ne peut apparaître sans son cortége d'innombrables misères, et la tristesse qui, depuis ces derniers mois, pèse sur le cœur de toute personne réfléchie et humaine prouve suffisamment qu'un grand nombre d'actes injustifiables ont été commis; mais, je le répète, les attentats contre la vertu ont été

l'exception, tandis qu'avec les tur-
cos, les zouaves et autres brutes
semblables ils auraient été la *règle*.

Assez sur ce sujet; il est nauséa-
bond. Notre ville est remplie de Français exilés volontaires; de familles
qui fuient les horreurs d'un siége.

Marie Goegg.

VII

LETTRE

DE Mme MOZZONI, DE MILAN,
A Mme BUTLER.

Quatre - vingt mille prostituées, maintenant enregistrées par la police, en Italie, payent à l'État une taxe d'environ deux millions. Le gouvernement entretient pour elles un hôpital dans le chef-lieu de chaque province et un médecin dans chaque district ; ce service sanitaire lui coûte 800,000 francs par an.

I.— L'effet moral de l'intervention de l'État dans la prostitution est très-déplorable. La prostituée clandestine, toujours maîtresse de sa personne et de son choix, n'est, par là même, pas absolument une prostituée. Mais la fille inscrite est prostituée dans la plus large acception du mot. Dans les différentes maisons où elle est contrainte de passer, elle fait l'apprentissage du vice et n'est admise dans les établissements supérieurs que quand elle est parfaitement façonnée à toutes les formes de débauche, a perdu toute répugnance et n'a de dégoût pour aucune chose ni pour aucun homme.

Si elle résiste, le propriétaire de l'établissement n'a qu'à instruire la police qui donne ordre d'arrêter la récalcitrante. Traînée de prison en hôpital et d'hôpital en prison, elle est très-sévèrement traitée. De là il est facile de voir que la licence, dans sa forme la plus abjecte et la plus brutale, la dégradation la plus absolue de soi-même sont l'idéal du type de la fille inscrite.

II.— L'effet moral de cette institution sur toute la population est non moins mauvais. Les règlements imposés par les autorités à la prostitution ne sont qu'une tolérance forcée, à peine cachée, non-seulement à la vue de la populace, mais à celle des hommes d'éducation; c'est une sanction légale qui produit l'impudeur publique. En conséquence, les pères eux-mêmes introduisent leurs fils adolescents dans les lupanars qu'ils regardent comme des sauvegardes contre d'imprudents mariages.

Maîtres et disciples s'y rencontrent et tous les considèrent simplement comme des institutions d'utilité publique. Habitué aux empiétements des autorités, le peuple italien accepte comme indispensable l'intervention de la police dans les affaires privées et ne pense jamais à la condition cruelle, à la violence et à l'esclavage auxquels les misérables prostituées sont assujetties. Les jeunes gens qui entrent en relation avec ces êtres infortunés, si soigneusement dressés au vice, perdent tous les sentiments généreux et, corrompus avant d'avoir atteint le terme de leur croissance, ils acquièrent ce scepticisme qui endurcit le cœur et fausse la conscience.

III. — Le nombre de ces pauvres victimes de la misère et du vice s'accroît excessivement. Diminuant dans les maisons autorisées il augmente partout ailleurs. Les mariages sont de jour en jour plus rares ; le nombre des enfants exposés augmente d'une manière si effrayante qu'on a été obligé de changer les règlements des hospices d'enfants trouvés, par manque de nourrices, quoiqu'on employât des chèvres à ce service.

IV. — Le peuple italien a accepté ce système sans opposition ; la population mâle s'en trouve très-bien ; les femmes du peuple, entièrement dévouées aux intérêts matériels de leurs familles, impropres aux larges vues, pardonnent plus facilement à leurs maris et à leurs fils leur ancienne prostitution que de plus profonds attachements, préjudiciables aux intérêts des familles. Les hommes et les femmes intelligents déplorent en silence la dégradation dans laquelle fait tomber tout le sexe féminin une institution qui emploie des mesures coercitives pour rendre les femmes esclaves du vice. Les filles inscrites cherchent de toute manière à s'échapper des maisons de tolérance, et, faute d'autres moyens de subsistance, s'adonnent à la prostitution clandestine.

V. — Parmi les prostituées clandestines plusieurs retournent à une meilleure vie, si elles trouvent un protecteur jaloux; se marient ou acquièrent d'une manière ou de l'autre quelque avoir. Parmi les filles inscrites il n'en est pas ainsi. L'apprentissage de dépravation qu'elles ont fait a gagné leur cœur, et le traitement qu'elles subissent rend tout amendement et toute conversion impossible. Rien ne les attend qu'une mort prématurée ou une vieillesse misérable et déshonorée. La jeune prostituée est transformée en une vieille femme d'intrigue.

Pour en revenir au point de vue sanitaire, tous les documents officiels chantent des hymnes de triomphe et de joie sur la prostitution réglementée (voyez les livres de médecine de Crocy et Rollet), et expriment l'ardent désir que la réglementation puisse être organisée partout. Les maladies ont diminué en Italie parmi les filles inscrites, mais les ravages de la prostitution clandestine sont terribles et s'accroissent constamment.

Les autorités, désireuses de réprimer ce mal, sont dans une alternative fort embarrassante; ou elles traitent les prostituées avec douceur et les poussent à se faire inscrire en leur procurant des avantages qui sont un encouragement au vice, ou elles les traitent durement et favorisent la clandestinité et la fraude.

Une des raisons qui font que les prostituées préfèrent demeurer libres, c'est qu'elles peuvent se donner ou se refuser selon leur inclination. L'institution qui désire mettre la main sur elles doit s'efforcer de vaincre en elles toute répugnance qui deviendrait une cause de défection.

La maîtresse d'une maison de tolérance ne peut légalement être créancière de la prostituée qu'elle a chez elle, ni l'y retenir pour cause de dettes; mais, par le fait, les autorités investies d'un si grand pouvoir pour persécuter la prostitution clandestine dans ses mille formes secrètes, permettent ces dettes et les encouragent, afin de contraindre la débitrice à rester dans la maison de tolérance, même si elle désire la quitter et cesser de se prostituer, puisqu'elles supposent toujours que, par manque de moyens honnêtes de subsistance, elle deviendra tôt ou tard une prostituée clandestine.

Les prostituées se pourvoient d'un protecteur, par qui elles prétendent être entretenues pour éviter d'être arrêtées et inscrites. Elles ne manquent pas de chercher à s'en procurer un dans la maison de tolérance, afin d'en sortir sous ce prétexte.

Mais, dans bien des cas, ce protecteur n'est qu'une fiction, et les autorités ont un pouvoir assez grand pour envoyer les misérables créatures d'une maison dans un autre, aussi bien que d'une ville dans une autre, pour les empêcher d'acquérir protecteurs réels ou supposés; ainsi, leur abandon ou d'autres causes les livrent à la prostitution clandestine.

Maintenant, il est facile de voir que cette dépravation forcée dans laquelle ces misérables êtres descendent; que cette odieuse violence et ces cruautés qui ne se rencontrent dans aucune autre institution moderne, y compris l'esclavage; que la presque impossibilité pour ces femmes de retourner à un meilleur genre de vie, ne sont pas des abus qui peuvent être mis sur le compte d'individus qui exagèrent la loi, l'interprètent ou l'appliquent mal; mais ce sont des vices, de graves vices, inhérents à l'institution elle-même, et qu'il n'est facile d'éviter par aucune réglementation.

Dans l'état actuel de notre société, le système de réglementation est uniquement un système odieux et arbitraire, qui a pour but d'obtenir un résultat sanitaire que tous les efforts ne peuvent assurer, et dont le résultat est complétement vain. Pendant que la réglementation veille et garantit d'un côté, la clandestinité et la fraude ont toujours le plus grand succès de l'autre.

Les médecins, d'ordinaire, envisagent cette question à leur point de vue professionnel, simplement comme une mesure sanitaire, mais le philosophe et le législateur ont trop de motifs de l'envisager comme la question la plus sérieuse et la plus ardue pour l'avenir de l'humanité.

Sans aucun doute, si l'Angleterre imite ici l'Italie, elle peut attendre les mêmes résultats : des statistiques favorables sur la santé des filles inscrites, la diminution des mariages, la prostitution clandestine, l'accroissement général de la licence et des maladies contagieuses.

Maria Mozzoni.

VIII

M. J. STUART-MILL A Mlle DAUBIÉ (1).

..... Votre livre n'est pas de ceux qu'on se contente de lire à la hâte, et quelque temps s'est écoulé avant que des occupations pressantes m'aient permis d'y consacrer le temps et l'attention qu'il mérite.

Vous avez fait, mademoiselle, une œuvre du plus grand prix, et d'au-

(1) En réponse à l'envoi de son livre : *la Femme pauvre au XIXe siècle (condition morale, 2e édition)*.

tant plus méritoire qu'elle a dû être très-pénible à écrire. J'ai rarement fait une lecture plus douloureuse. On n'avait jamais, je crois, mis à nu le détail des misères de la vie pour la très-grande majorité des femmes et des injustices révoltantes de la société masculine à leur égard. Je voudrais que ce livre pût être lu, d'un bout à l'autre, par tous les hommes et par toutes les femmes de la classe soi-disant éclairée.

Je crois qu'il ferait honte à beau-coup d'entre eux de leur coupable inaction en face de maux aussi affreux et d'injustices aussi monstrueuses.

Malheureusement, la France est loin d'avoir sur cette question la mauvaise prééminence que vous lui attribuez. Les réformateurs sociaux sont toujours portés à croire que les autres pays valent mieux que le leur propre : par malheur, la différence est très-souvent plus apparente que réelle. Vous donnez, en beaucoup d'endroits, à l'Angleterre, sur le sujet en question, des éloges qu'elle est loin de mériter ; et, à leur tour, ceux qui soutiennent en Angleterre la cause des femmes, prétendent souvent que leur condition est beaucoup meilleure en France. Malheureusement, tous les deux se trompent.

Quant au commencement qu'on a fait ici de réglementer la prostitution et qu'on s'efforce d'étendre, il suffirait de votre livre pour le condamner sans appel. Cette tentative a excité ici une résistance très-sérieuse. Une association de femmes, dont quelques-unes très-distinguées, s'est formée pour exciter l'opinion contre ce système déplorable; elles sont bien secondées par les hommes, et il y a tout lieu d'espérer que, non-seulement on n'osera pas aller plus loin, mais qu'on sera forcé de défaire ce qu'on a fait.

J. STUART-MILL.

IX

UN SOUVERAIN PONTIFE

(A propos d'une correspondance entre M. Lecour, chef de la police *des mœurs*, à Paris, et Mme Butler.)

Bossuet nous dit, dans son *Histoire universelle*:

« Saint Paul parlait à Félix, gouverneur de Judée, de la *justice*, de la *chasteté*. Cet homme, effrayé, lui dit: *Retirez-vous à présent, je vous manderai quand il faudra.*

« Dans ce grand décri de tous les sens, de toutes les passions, de tous les intérêts qui combattaient pour l'idolâtrie, les ouvriers qui gagnaient leur vie en faisant de petits temples d'argent de la Diane d'Éphèse s'assemblèrent, et le plus accrédité d'entre eux leur représenta que leur gain allait cesser. « Et non-seulement, dit-« il, nous *courons fortune de tout per-* « *dre, mais le temple et la majesté de*

« *celle qui est adorée dans toute l'Asie,*
« et même dans l'univers, s'anéan-
« tira *peu à peu.* »

« Les ouvriers émus sortirent tous
ensemble, criant comme des furieux :
« *La grande Diane des Éphésiens !* »
Ils s'emparèrent de saint Paul et de
ses compagnons qu'ils traînèrent au
théâtre en vociférant, pendant deux
heures : « *La grande Diane des Éphé-*
« *siens !* » Saint Paul et ses compagnons ne durent leur vie qu'aux ma-
gistrats, qui les arrachèrent à grand'-
peine des mains du peuple, parce
qu'ils craignaient que de plus grands
désordres n'arrivassent dans ce tu-
multe. »

Nous comptons encore maintenant
nombre de Félix qui, effrayés par les
mots de *justice* et de *chasteté*, nous
disent : *Retirez-vous quant à présent.*
Aujourd'hui, pourtant, ce n'est plus
la grande, la chaste Diane d'Éphèse,
c'est la puissante Vénus, c'est la déesse
vénale et officielle des ruelles et des
carrefours de la Babylone moderne,
qui s'indigne de voir que ses pontifes

et ses adorateurs ne sont plus l'objet
de la vénération universelle.

L'âme humaine cherchant à reconquérir, contre le sensualisme de notre
époque, les droits imprescriptibles
qu'elle revendiquait déjà dans la fange
de l'empire romain, avait, paraît-il,
compté sans les grands-prêtres de
Cythère et de Chypre; ils se sont effrayés du *fanatisme* de la libre Angleterre, et M. Lecour, pontife suprême
des mœurs parisiennes, écrivait, peu
de temps avant nos désastres, à madame Butler, de Liverpool: « *Mettre
la main sur les femmes* de débauche
pour les faire soigner et les surveiller
au point de vue sanitaire est, pour
toute *autorité* qui l'accomplit consciencieusement, *un véritable sacerdoce,*
et je m'étonne que vous l'envisagiez
autrement. »

Madame Butler répondit au grand-
prêtre Lecour: « *Mettre la main sur
les hommes* de débauche pour les faire
soigner et surveiller au point de vue
sanitaire est, pour toute *autorité* qui
l'accomplit consciencieusement, *un*

véritable sacerdoce, et je m'étonne que vous l'envisagiez autrement. »

Les honnêtes gens avaient eu aussi, jusqu'à présent, la naïveté de croire, avec madame Butler, que la société se porte mal quand les débauchés se portent bien; mais, pour M. Lecour, la santé des vices et des vicieux est le palladium social. Il se met *consciencieusement* à l'œuvre, avec ses lévites, et chante des *Hosanna* et des *Te Deum* quand il a obtenu un maximum respectable de débauchés garantis. Les souteneurs de filles aussi florissants que possible, à l'abri du mur de la vie privée et de la protection Lecour, n'est-ce pas aussi un assez beau résultat pour qu'on impose les honnêtes gens *ad hoc?* Ce grand intérêt public nous contraint donc, bon gré, mal gré, soit que nous mangions, soit que nous buvions, dans nos bonnes villes de *tolérance*, à coopérer aux vues hygiéniques du grand-prêtre Lecour et à chanter des hymnes à sa gloire. Que nous sommes peu zélés, pourtant, de ne payer que par contrainte nos hommages au culte de Chypre et de Cythère. M. Lecour nous garde tous sains et saufs; il ne comprend pas qu'on puisse l'être sans son aide; il pense même qu'il vaut mieux mourir en suivant son traitement que de se bien porter en le négligeant; nous sommes en lui et par lui; nous respirons en lui, nous nous mouvons en lui, ingrats, et nous ne le savions pas! Il est tout au plus, pour quelques-uns, ce Dieu inconnu qu'adoraient les Athéniens. Maintenant que les souverains pontifes sont en voie d'apothéose, ne pourrions-nous pas mieux glorifier l'Esculape moderne, lui donner tout au moins la présidence de quelque assemblée *conservatrice des mœurs*, si nous sommes encore appelés à en élire de semblables à celles qui professèrent, en fait de morale rationnelle, des principes aussi hygiéniques que ceux du sieur Lecour (1) ?

(1) Voir à ce sujet les décisions du 8 mars 1864, du 22 juin 1865, du 13 mai, du 10 juin

Mais trêve de plaisanteries sur ce douloureux sujet. *Shame*, disent les Anglais; *honte*, répétons-nous avec eux, devant de tels ministères et de tels ministres!

Pour qu'un peuple arrivé à convertir en institutions de telles infamies, ait des grands-prêtres du viol aussi convaincus de la sainteté de leur *sacerdoce* que les Lecour, il faut que ses lois s'arment contre la famille pour sanctionner la débauche; il faut que l'homme vicieux ait mis ses droits au-dessus de ceux de l'ordre universel; il faut que l'histoire nationale soit maculée de souillures indicibles; il faut, en un mot, que des François Ier, des Brantôme et des. . . . . aient passé par là.

J.-V. DAUBIÉ.

1867, du 17 janvier 1868, du 2 avril 1869, du 11 février 1870, qui déshonoreront à jamais le Sénat devant l'histoire.

FIN.

Typ. de Rouge et Cᵉ, r. du Four-St Germ., 43.

ON TROUVE

Au siége de la Société

POUR

L'ÉMANCIPATION PROGRESSIVE DE LA FEMME

5, RUE DE LA POMPE (PARIS-PASSY)

LA QUESTION DE LA FEMME

par M. A. DUMAS fils

MANUEL DU JEUNE HOMME

par SILVIO PELLICO

LA FEMME PAUVRE AU XIXe SIÈCLE

2e édition en 3 vol., augmentée du tome II

Par Mlle J. V. DAUBIÉ

L'ÉMANCIPATION DE LA FEMME

PAR LA MÊME

Pour paraître prochainement :

PROTECTION LÉGALE DE LA FAMILLE

A propos de l'affaire Janvier de la Mothe

Paris. -- Typ. Rouge et Ce, rue du Four-St-Germain, 43